都是藏钱惹的祸

解淑平 著

中国法制出版社
CHINA LEGAL PUBLISHING HOUSE

图书在版编目(CIP)数据

都是藏钱惹的祸 / 解淑平著 .—北京：中国法制出版社，2023.1
（“智多星管小正”青少年法治安全系列）
ISBN 978-7-5216-2984-2

Ⅰ.①都…　Ⅱ.①解…　Ⅲ.①社会主义法制—法制教育—中国—青少年读物　Ⅳ.① D920.5

中国版本图书馆 CIP 数据核字（2022）第 193562 号

责任编辑：胡　艺（ngaihu@gmail.com）　　封面设计：周黎明

都是藏钱惹的祸

DOUSHI CANG QIAN RE DE HUO

著者 / 解淑平

经销 / 新华书店

印刷 / 应信印务（北京）有限公司

开本 / 880 毫米 ×1230 毫米　32 开　　印张 / 3.5　字数 / 36 千

版次 / 2023 年 1 月第 1 版　　2023 年 1 月第 1 次印刷

中国法制出版社出版

书号 ISBN 978-7-5216-2984-2　　定价：25.00 元

北京市西城区西便门西里甲 16 号西便门办公区

邮政编码 100053　　传真：010-63141600

网址：http://www.zgfzs.com　　**编辑部电话：010-63141817**

市场营销部电话：010-63141612　　**印务部电话：010-63141606**

序

2019年6月至今，“智多星管小正”青少年系列法治安全小说已经出版了三辑，共十二本，包括《人贩子来了》《爷爷家里的陌生人》《少年谍中谍》《地下室里的火药味》《隐秘的假面人》《天降飞瓶》《拯救猫头鹰》《谁偷走了指环》《假面冠军》《隐秘的枪手》《我不是管小正》《大象的魔哨》。

以上图书的读者主要是中高年级的小学生和初中生。图书出版后，反响比较热烈。我在想，能不能为低中年级的小学生读者创作一套法治安全图书呢？我在很多场合说到我是一个行动派，想到我就去做，于是就有了大家现在读到的“智多星管小正”这套低年级版图书。有人问，主人公为什么叫管小正呢？原因很简单，一是“管”这个姓在我的家乡山东高密东北乡是大姓，二是一棵小树苗要经过不同时期的管理和修剪才能长得周周正正，成长期的孩子也像小树苗一样需要时时提醒、经常指导才能走正道，所以这套书的主人公就起名为管小正了。

在这套书里，读者能明显感受到我在“诚信”方面着墨比较多，这缘于我真实的感受。我在为青少年法治活动审稿时发现，有些参赛者的演讲稿似曾相识，更直白地说，不乏抄袭的痕迹。我十六岁开始写作，深知青少年初学写作是从模仿开始，继而进行创新的，但是大段的复制是不可取的，参赛规则也是明确禁止抄袭的。我为此很是心痛。我不想以成年人的视角去揣测这些演讲稿背后的故事，我只是希望尽我所能，用一些生动的故事让读者知晓“诚信”的意义，将“诚信”与自己未来的人生联系起来。

我国的《宪法》《民法典》以及《家庭教育促进法》等多部法律，还有《中小学生守则》都明确倡导公平、公正、公德、法治、诚信、诚实、责任……这些都与青少年的法治思维、法治精神息息相关。如何能让读者通过故事了解这些重要词语的含义，并且能置身其中，跟着跌宕起伏的情节去想象、去思考，这是我写作的初衷。我始终认为：法治安全读本是生活中的法治文学，是法治在生活中的体现，正是因为法治生活和法治文学的结合，才使它能更鲜明、更准确、更直接地抵达青少年法治教育的本质。

基于这些思考，我根据低中年级小学生的特点，创作了《陀螺大战》《谁的签名》《抄袭事件》《都是藏钱惹的祸》《竞选纷争》，传递规则意识、自律意识、法治意识。

我还创作了与《民法典》条文内容相关的故事，如饲养的动物造成他人损害的《鼠狗大战》，与物权有关的《乾隆的钢镚儿》，与诚信经营有关的《红花的真相》，与高空抛物有关的《弹弓风波》……

关于书里的其他内容我就不在此“剧透”了，希望读者朋友在阅读的过程中联系生活，感受规则意识，领悟公序良俗的含义，传播法治声音，培育法治信仰。

以往的“智多星管小正”系列图书出版后深受读者的喜欢，《地下室里的火药味》入选2020年四川省农家书屋重点出版物推荐目录；《爷爷家里的陌生人》《人贩子来了》入选国家新闻出版署2021年农家书屋重点出版物推荐目录；《隐秘的假面人》《天降飞瓶》入选四川省教育厅主题阅读推荐书目；《智多星历险记》法治安全广播剧于2021年5月在喜马拉雅播出，“学习强国”也对这个系列进行了推荐，全网播放量突破4000万。据很多教师反馈，“智多星管小正”系列图书具有很强的功能性，教师和家长可以以“智多星管小正”系列图书为材料组织孩子就道德与法治学科进行拓展研究性学习。这些都将成为我继续创作的动力。

“智多星管小正”青少年法治安全系列图书在出版过程中得到了教育、法律等各界专家学者的支持和关心，在此，郑重地向朱永新先生、张之路先生、李希贵先生、王俊成先生、田思源先生、袁治杰先生、曹鎏女士等专家前辈表示诚挚的敬意；感谢赵辉女士、王兰涛女士对图书的审订；感谢出版社的编辑和插画师等幕后工作人员，是你们精益求精的态度让我的作品更好地呈现在读者面前。然而，我十分清楚无论如何修正，读者们总能在书中找到一些纰漏，我也希望听取更多的评论和反馈，未来写出更多更有意义的图书。

希望我们一起，播撒法治的种子，助力青少年法治教育建设，为青少年学法、懂法、知法、守法、护法提供有益的帮助。

是为序。

解淑平

主角档案

角　色： 管小正

出生地： 北京

年　龄： 6 岁

特　点： 阳光帅气，正义感爆棚，谨慎机智，喜欢穿有很多口袋的裤子，里面塞满了各种“破烂儿”

口头禅： 这里面是不是有问题

我有个好办法

角　色： 鲁女士（管小正妈妈）

出生地： 北京

年　龄： 36 岁

职　业： 记者

特　点： 见多识广，偶尔“马大哈”

口头禅： 有什么问题吗

角　色：曹东东（管小正的同学，
曹西西的弟弟）

出生地：北京

年　龄：6 岁

特　点：喜欢系红色的披风，脑子转得快，馊主意多，小“吃货”

口头禅：我是“大圣”我不怕
有“好吃”牌的鸡腿吗

角　色：曹西西（管小正的同学，
曹东东的姐姐）

出生地：北京

年　龄：6 岁

特　点：“学霸”，懂事善良

口头禅：那是肯定的

角　色：屁墩儿

出生地：不详

年　龄：不详

特　点：管小正的贴身宠物，一只古怪机灵的魔王松鼠，尾巴蓬松得像棉花一样，喜欢吃松塔和草莓味酸奶

口头禅：吱吱—咕咕—唧唧

目　录

第一章　陀螺大战

1

秋高气爽的九月一日，管小正升入了一年级。他迫不及待要认识新的朋友，并且向他们展示自己的新玩具。

十天前，是管小正的生日，妈妈鲁女士送给了他一个新玩具——陀螺。那是一个很神奇的陀螺，转动的时候能发出五颜六色的光。在圆盘上方，管小正用陀螺把手吸住陀螺，反复拉扯把手上的绳，接着摁下把手上

的机关，陀螺掉进圆盘飞快地转动。

“呀，这个好玩。”妈妈围着陀螺两眼放光。

“我自己玩陀螺没意思，要是两个人一起玩，在圆盘里你撞我我撞你，看谁厉害，那才好玩呢。”

“还有这种玩法？”妈妈羡慕地说。

管小正请求妈妈陪他玩，但妈妈一会儿

要做饭，一会儿又看书，一会儿还要忙工作，他玩得总是不尽兴。他想找人一块儿进行陀螺对决。在没找到对手之前，他得找点新鲜的玩法：陀螺旋转时在它上面放一枚硬币，陀螺把硬币甩出去，陀螺和硬币分开各自旋转，这叫甩转，前提是陀螺转速飞快；陀螺旋转时在它上面放一枚硬币，陀螺带着硬币转，这叫叠转，前提是陀螺转速不那么快；他还在墙边用抱枕铺了个斜坡，让陀螺爬到墙上；他把陀螺放在写字板上转，陀螺化身写字板专用的笔，转一圈画一个螺旋，转了无数圈，画出无数个互相叠加又很有规律的螺旋，螺旋相扣，就像弹簧一样；他还能让两个陀螺叠罗汉……陀螺像是听他的话一

样，任由他玩出了多种花样。

妈妈提醒他，五颜六色的陀螺虽然很好看，但那亮光看多了会伤到眼睛，即使白天玩也不安全。为此，妈妈给陀螺贴上了一层薄薄的纸，陀螺才不那么晃眼。

尽管妈妈挤出时间来陪管小正玩，可他还是觉得和小伙伴一起玩更有意思，让他高兴的是开学第一天在班里认识了两个新朋友，这下他可有玩伴了。这两个新朋友一个是他的同桌曹东东，一个是他前面坐着的曹西西，两人是龙凤胎，曹东东是弟弟，曹西西是姐姐。

开学第一天，趁老师不在，曹东东神秘地拉开书包拉链，掏出一块红色的布，系到了脖子上，那是一条红色披风，上面印着同学们喜欢的

卡通人物。红色披风瞬间吸引了同学们的目光，他一下子成了班级的明星人物。

这天，曹妈妈给管妈妈打电话，请管妈妈放学后帮着把两个孩子接到自己家，她晚些时候再把他俩接回来。管小正可开心了，他要和姐弟俩好好进行陀螺对决，看谁能赢过谁。

姐弟俩头一次去管小正家，三个人一进家门，管小正就拿出陀螺摆开阵势。

“陀螺擂台赛开始啦——”裁判曹西西拖着长腔宣布。

管小正选的是红陀螺，曹东东选的是黄陀螺。曹西西喊“一、二——”时，两人同时给陀螺加速，曹西西再喊“开始”时，两人同一时间松开陀螺按钮，陀螺迅速地掉到了圆盘里，各自旋转着，不一会儿就碰撞到一起，把

对方撞得东倒西歪。管小正的红陀螺明显后劲不足，转速下降，又转了几下，停住了。

“我宣布，第一局，曹东东赢了。”曹西西说。

“哈哈，我是‘大圣’我不怕。”曹东东骄傲地说。

管小正和曹东东又开始了第二局。

两人像较着劲似的，把陀螺的线拉得飞快，在曹西西喊出“一、二——发射”时，陀螺几乎同时落进了圆盘，你追我赶，只见黄陀螺擦着红陀螺边撞了一下，吓得管小正跺着脚喊：“红陀螺加油，红陀螺加油。”

不巧的是，在撞击的过程当中，曹东东的黄陀螺撞到圆盘边沿，威力大大减弱，红陀螺后来居上，黄陀螺歪

歪扭扭转了一会儿，停下了。这一局管小正赢了。

“再来，我是‘大圣’我不怕。”曹东东不服气，给自己鼓劲。

2

前两局每人赢了一局，第三局最为关键。

管小正总结经验，铆足了劲，想要在第三局赢。他得尽量把陀螺往中间放，这样即使和曹东东的陀螺相撞也不至于把自己的陀螺撞到圆盘边沿。曹东东也和他一样，希望自己这一局能赢。

两人像之前的两局一样对陀螺发力，同时喊着“一、二——发射”，陀螺落进了盘里，转呀转呀转呀，两个人的陀螺都转得飞快，一会儿黄陀螺撞了红陀螺，一会儿红陀螺撞了黄陀螺。这一局，两只陀螺都很有耐力，撞了也没立刻就倒下，而是很快恢复过来，继续对战。

曹西西这个裁判一会儿说“红陀螺加油，红陀螺加油”，一会儿又说“黄陀螺加油，黄陀螺加油”。

管小正说：“你到底是哪边的，给我加油

就给我加油，怎么又给东东加油了。”

曹西西“嘿嘿”一笑：“我希望你俩都赢嘛。”

“不可能两个都赢。”曹东东回道。

胜负还没有分出来，管小正着急了，脱口而出：“红陀螺加油，黄陀螺漏油。”

曹西西一听管小正这么说，赶紧说：“黄陀螺加油，红陀螺加水。”

三个人笑作一团。

“你们先看着，我去小便。”曹东东跑去了洗手间。

这时，曹西西渴了，管小正顾不上管她，眼睛只顾盯着圆盘，头也不抬地说：“渴了你喝水。”

曹西西赶紧从书包里找出水壶，晃了晃，水壶没水了。这时，屁墩儿睡醒了一觉，听到孩子们呐喊，“噌”的一下跑了过来看热闹。

曹西西的水壶空了，只得从饮水机接水，火速接完，火速抱着水壶跑回来继续观战。她跑到近前时，心“咯噔”一下，就这不到二十秒的工夫，她弟弟曹东东的黄陀螺已经东倒西歪，没劲儿了。

这时，曹东东也火速从洗手间赶了回来，他看到有气无力的黄陀螺，顿时瘪着个脸，丧气地说：“我去洗手间之前，明明我的黄陀螺转得很快，比你的还快，怎么转眼就输了呢？你是不是动过陀螺？”

“我没有，”管小正赢了，

难掩内心的欢喜，说，“它就是转不动了嘛，咱们再来一局呗。”

曹东东很难过，红着眼，说：“不玩了，不玩了。我回家了。”

曹东东说着背上了书包，曹西西见状也背上了书包，说：“我也觉得陀螺突然转得慢了，挺奇怪的。”

“我做了‘好吃’牌的鸡腿，你们不留下来吃饭吗？”管小正的妈妈从厨房探出头问。

“东东，有‘好吃’牌的鸡腿。”曹西西拉住弟弟说。

曹东东喜欢吃鸡腿，这是大家都知道的事。开学第一天，看到校餐里有鸡腿，他顿时就爱上了学校。

“有也不吃。”曹东东拉了曹西西一把，拽着她走出管小正家。

“你俩怎么走了啊，自己出门不安全！”

管小正妈妈赶紧解开围裙，要追出去。

“别追了，我跟曹东东闹掰了。”管小正把陀螺往沙发上一丢，生气地说。

“闹掰了？什么事能让你们闹掰了？你们可是秤不离砣砣不离秤的铁哥们儿，怎么说掰就掰了？”

“我们的友谊可能是塑料做的吧。”

“到底怎么回事？”

“我们玩陀螺大战，曹东东输了，一生气就走了。从他们家到咱们家也就隔着两幢楼，两人还是一起走的，不会有事的。”管小正无精打采地说。

“那也不行。”妈妈说完，急匆匆跟着下了楼，看到两个孩子进了自己家楼门，赶紧给曹妈妈打电话，得知两个孩子已经到家了，管小正妈妈这才放了心，但还是解释了三人玩陀螺的事。曹妈妈说这都不是什么大事，

让她别放在心上。

“行了，吃饭吧。”妈妈挂了电话，向管小正温声道。

管小正一言不发地吃着饭，妈妈看他不对劲，问：“刚才玩陀螺，曹东东输了，那就是你赢了呗。”

“对呀。”管小正闷闷不乐地应着，似乎赢了这件事并不能让他开心。

“为什么赢了还不高兴呢？”

“我也不知道。”管小正用筷子夹起一块肉塞进嘴里，不想再解释。

妈妈一看就知道他不想说话，但还是耐心地问：“可是，跟我玩的时候，我输了，你怎么那么高兴呢？”

“那不一样。”

“有什么不一样的？”

“反正就不一样。”

“行吧，不一样就不一样，但是玩陀螺不开心不能影响了其他的事，吃完饭，该看书看书，该弹琴弹琴。”

3

管小正回到自己房间，复习了白天学的内容，看了会儿书，又独自玩了会儿陀螺。往常他自己玩陀螺也能玩好一会儿，可是今天他似乎有心事，玩了不到两局就放下了。

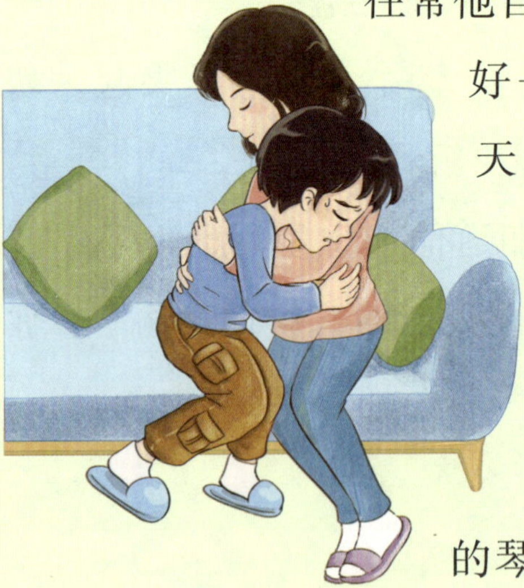

接着，管小正弹了半个小时的琴，又看了一会儿

《猫和老鼠》，以前他总要求妈妈多看一集，可是今天他只看了一集就关了电视。

妈妈觉得很奇怪，儿子这是怎么了？病了吗？妈妈决定在睡前十分钟的谈话时间刨根问底。“今天在学校都上什么课啦？”妈妈问。

管小正说：“就是平常上的语文、数学，还上了一节儿童画。”

“儿童画不是你最喜欢的吗？你画什么了？”

“也没什么。”管小正提不起精神似的说。

“儿子，我看你今天很不开心，有什么问题吗？”

“没什么。”

“那你怎么不开心呢？”妈妈继续问。

“我跟您说一件事儿吧。”管小正难过得眼圈都红了，“妈妈，我觉得这儿难受。”他把手放在胸膛左侧心脏的位置上，轻声说。

“说吧，我听着呢。”

“今天我和曹东东一起玩陀螺，第一局他赢了，第二局我赢了，第三局我赢了。”

“比赛的结果我已经知道了。”

“但是，妈妈，我，其实，不一定能赢的。”管小正磕磕巴巴地说。

“为什么呢？”

“因为……”管小正话说到这儿，停住了，又说，“让我想一想。”

妈妈点了点头，允许他想一想再说。他想了几秒钟，说：“第三局的时候，曹西西去拿水壶喝水，曹东东去上洗手间，两人离开的这一小会儿，屁墩儿上蹿下跳时不小心用尾巴蹭到了曹东东的陀螺，他的陀螺受了影响转不动了。”

“你的意思是说，屁墩儿趁他俩不在的时候误蹭了曹东东的陀螺，你看到了，却没有制止，也没有说清楚，对吗？”妈妈轻声地问。

“是的，妈妈，我赖皮了。”管小正小声应着，眼眶里挤满了泪水。

“所以，你现在是什么感受呢？”

“我现在很难过，我不应该这么做。妈妈，我错了……”管小正哇哇地哭起来。

妈妈一把将他揽到怀里，说：“你想赢，但现在你赢了，心里却高兴不起来。那是因为你看到了屁墩儿干扰却没有制止，才这么

难过的，对吗？”

“对。”

“你觉得赢得很不光彩是不是？”

“是的。”

“儿子，玩陀螺也好，比跳绳也好，都是娱乐，都是游戏，赢了是一件好事，但是输了又能怎么样呢！所以输赢不重要，重要的是你有没有尽力，你在玩的过程中是否感受到了快乐。人往往越在意输赢，越害怕失败，这样的游戏已经失去了玩的意义。保持良好的心态，在娱乐和游戏的过程中与好朋友一起尽情地玩就好了。”

管小正默默不语，妈妈知道他能理解自己话里的意思，接着说：“那你现在应该怎么办呢？”

“我觉得我应该向他道歉，可是我又担心把真相告诉他们，他们以后就不跟我玩了。”

管小正抹了把眼泪，担心地说。

“儿子，你们三个是好朋友，姐弟俩不会因为这么一件小事就不跟你玩的。”

“可我还是担心……”

4

两人正说着，妈妈的手机响了，是曹妈妈打来的。

说话的是曹东东：“管小正，我妈妈说一定是我没玩过陀螺才输给你的，所以，明天放学咱俩再决战。”

“好啊，明天放学后你们到我家，咱俩再玩，不对，是咱们三个再玩。”

三人又在电话里说了会儿

话，直到妈妈们催促："明天就能见着了，你们三个还聊个没完。"孩子们这才依依不舍地说了再见。

"妈妈，我忘了跟曹东东说屁墩儿蹭了他陀螺的事了。"管小正望着已经黑屏的手机，挠了挠头道。

"说不说不重要了，你已经认识到错误，他也不在意输赢的事了。这事已经过去了，明天你们三个再好好玩吧。"

"好。"

"让你不开心的事情已经解决了吧？"

"我觉得应该解决了，反正我这个地方没有那么难受了。"管小正把手放在胸膛心脏的部位，点头道。

"我就说嘛，你们是'铁瓷'，你们的友

谊可不是塑料的。”

“不对，我们的友谊是不锈钢的，打不烂压不碎，不可能说掰就掰，嘿嘿——”

小正笔记

长知识

这次玩陀螺我和曹东东都想赢，虽然我赢了，但却是在屁墩儿的“帮忙”下赢的，这样的赢不是真正的赢。所以，曹东东生气走了后，我心里才那么难过。

妈妈说得对，玩陀螺也好，比跳绳也好，都是娱乐，都是游戏，赢了是一件好事，但是输了又能怎么样呢！输赢不重要，重要的是你有没有尽力，你在玩的过程中是否感受到了快乐。我们玩的时候要遵守游戏规

则，讲诚信，人人都守规则，赢了才有意义，输得才服气。妈妈还说，人往往越在意输赢，越害怕失败。如果赢了就欢天喜地，输了就不高兴，这样的游戏就失去了玩的意义。

我想到开学时，老师给我们讲的《中小学生守则》第六条，要求我们中小学生诚实守信有担当。保持言行一致，不说谎不作弊，

借东西及时还，做到知错就改。妈妈还跟我说，诚信原则是民法最为重要的基本原则，被称为民法的“帝王条款”。

让我们保持良好的心态，在娱乐和游戏的过程中与好朋友一起尽情地玩吧。

知法小达人

《中华人民共和国民法典》

第七条　民事主体从事民事活动，应当遵循诚信原则，秉持诚实，恪守承诺。

《中华人民共和国家庭教育促进法》

第十六条　未成年人的父母或者其他监护人应当针对不同年龄段未成年人的身心发展特点，以下列内容为指引，开展家庭教育：

……

（二）教育未成年人崇德向善、尊老爱幼、热爱家庭、勤俭节约、团结互助、诚信友爱、遵纪守法，培养其良好社会公德、家庭美德、个人品德意识和法治意识；

……

第二章　谁的签名

1

放学路上，妈妈问管小正午饭吃的什么。

他告诉妈妈："吃了好几样菜，我想想，有茄子，有肉，有鸡蛋，还有曹东东最喜欢吃的'好吃'牌鸡腿。"

妈妈点点头，忽然想到前几天教过他鸡蛋（egg）的英语，就想借机会考考他，于是问道："鸡蛋啊，鸡蛋怎么说？"

管小正认真地眨着眼睛。“让我想一想，”他想了几秒，犹豫道，“妈妈，鸡蛋啊，鸡蛋，它没有说话啊！”

妈妈哭笑不得。“我不是问你鸡蛋说了什么话，我是问你鸡蛋的英语怎么说？”

“哦，这个啊，鸡蛋的英语是 egg 呀。”

妈妈连连点头，又说：“单词记住了，但语文还得加强，回家后，练一页字吧。”

“又练字啊？”管小正一脸不情愿的样子。

“我也不是无缘无故让你练字的，你对自己的字满意吗？”

“满意啊，”管小正把头一抬，认真地说，“我们语文老师今天说，我的字有了模样。”

“所以我们还得接着练，才会有更大的进步。”妈妈之所以要求管小正练字，是因为前几天受到了刺激。那天曹家姐弟放学后到她家玩，在陪他们回顾当天的知识时，她被曹西西写的字惊艳到了。

“西西啊，你字横是横竖是竖，怎么写得这么好啊？”

“那是肯定的。”曹西西自信地说。

妈妈低头，再看管小正写的，她在心里直摇头。管小正的字自成一体，那横写得往上挑，那撇写到了格子外，还经常倒插笔，就连“管小正”三个字都能写错。姐弟俩被妈妈接走后，管小正妈妈终于忍不住吐槽：“你写的字啊，简直就跟屁墩儿刨的一样。”

“不可能，屁墩儿根本刨不出这样的字来，”管小正嬉皮笑脸地冲屁墩儿挤眉弄眼，“是吧，屁墩儿？”

屁墩儿跳到管小正肩膀上，不满地用尾巴扫了扫他的鼻子，好像在说我刨的字可比你写的好看多了。

“你俩别闹，严肃点儿，咱们好好说说写字的事。”妈妈把眼一瞪。管小正一本正经地用双手拍着自己的大腿，站直了身子，大声说：“是！”

“你态度是挺好的，但写字除了有个好态度还要练，本子上的田字格，就是让你在写字的时候在上边留出天来，在下边留出地来，在左右两边都留出适当的空白来，不要把字写到格子外面，你看你写的，不是把字写得往上就是往下，要么写得跟小蚂蚁似的缩成一团，要么写得像散了架似的松松垮垮。这说明，你基本功练得不扎实，得练最基本的横、竖、撇、捺。”

管小正对横平竖直不以为意，说：“这太简单了。”

妈妈说：“太简单？！字都是由简单的笔画组合成的，如果你笔画都没练好，字自然也不可能写好。你写的横往上挑你没发现吗，你的眼睛不会是近视了吧？”

“不会，我们学校刚测的视力，我的视力还算正常。”管小正摇着头说。

“正常？我可记着呢，你一只眼睛是正常视力，另一只眼睛是边缘视力，刚刚达到正常视力值，如果不注意，很容易下降到不正常的视力。你爸和我都是近视眼，你再不注意，离近视眼就不远了。练字要保持正确的姿势，这样才能保护视力。”

管小正听妈妈的话，每天练四行字，任务量倒是不多，可他经常练一会儿字抠一会儿橡皮，正常十五分钟就能写完的四行字被拉长至半个多小时。妈妈不得不时时提醒他做事不可三心二意，还要提醒他“抬起头来，写字姿势要正确”。

2

屁墩儿是个聪明的小家伙，管小正练字时，它总是跑到他的本子上方往上拱他的脖子，他稍微一低头就压到屁墩儿头上，它就“吱吱—咕咕—唧唧”地叫，好像在监督他写字的姿势。

“抬头挺胸。”妈妈并没有走到他身边，却在另一个屋里冷不丁地提醒他，吓了他一跳。

“哦，”管小正惊讶地说，“妈妈，您又没看见我写字的姿势，您怎么知道我低头了？”

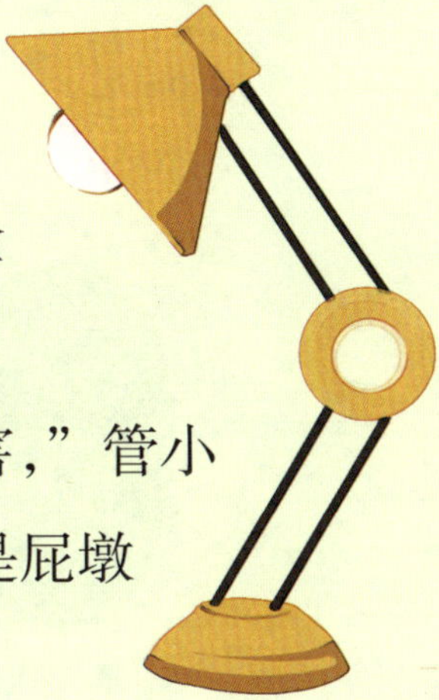

妈妈说：“我有火眼金睛。”

“您的火眼金睛可真厉害，”管小正晃了晃肩膀，说，“不会是屁墩儿告的密吧？”

“哈哈，我一听它‘吱吱—咕咕—唧唧’地叫，就知道你写字姿势不规范，它在帮我盯着你呢。”妈妈笑着说。

“果然是这个家伙。”管小正点了点屁墩儿的鼻子，假装生气地说。

“行了，快写吧，写完了，我给评个等级，你爸回来就能吃饭了。”妈妈催促道。

管小正认真地写完了字，又复习了当天学的功课，和屁墩儿玩了没多会儿，爸爸下班回来了。

“爸爸，您看我练的字。”管小正拿着练字本冲了上去。

“不错不错，有进步。”

“能得优吗？”

“能，太能了。”

“吃饭喽。”

吃完饭，妈妈检查了管小正练的字，已经像模像样了，正准备在练字页的等级栏签上“优”时，却发现“优”字已经签上了，她以为是爸爸写的，也没问，就陪着管小正到花园里散步了。

第二天一早，送管小正上学回来，妈妈收拾书桌时发现了一张没见过的纸，纸上

写了很多个“优”，联想到昨天等级栏签的“优”，她似乎明白了，练字本上的那个“优”字是管小正自己写上去的。这事，她可得问清楚。

放学时间，妈妈去接管小正，一见面就督促道：“今天还要继续练字哦。”

“哦，我知道。”管小正踢着小石子，答应着。

“你这字儿写得不错，尤其是‘优’字，比其他字写得都好。”妈妈夸赞道。

管小正想都没想，脱口而出：“我也这么觉得。”

妈妈突然话锋一转：“不对呀，等级栏的等级不应该是我或者你爸写吗？”

“啊？”管小正打了个激灵，想起头一天晚上发生的事：他认认真真地写完字，对自己写的每个字都挺满意，突然想给自己判一判，就找了一支红笔学着老师的样子在每一个笔画下面打钩，打完了之后还觉得不过瘾，干脆在最后面的等级栏写了一个“优”。妈妈看到“优”字以为是爸爸写的，爸爸看到“优”字以为是妈妈写的。

“你这‘优’字模仿得还挺像大人的。”

妈妈打量着手里的练字本，本想再说几句，管小正却得意地从书包里找出一张通知单，在她面前展开。

3

妈妈一看就知道是月末交午餐费的通知。

妈妈看着通知最下方的签字栏愣住了，学生的名字签上了，可是家长的签名部分也已经签上了她的名字。那字迹不是她的，也不是爸爸的。她警惕地问：“这名字是谁签的？”

“当然是我啦。”管小正嘿嘿一笑。

“你签的？谁让你在这上面签字的呀？”

“我呀，我字练得这么好，不签名就太浪费了，您看，我签得多好看，还是连笔字呢。”

妈妈说：“孩子啊，老师是让家长签名，又不是让你签名，你签了名，就产生了法律效力，这饭费你交？”

“这，我哪有钱交餐费啊。”

“那不就得了，以后啊，该你签名的你签，该我签名的我签。你冒充我的签名，这可是不诚信的行为。”

“妈妈，我可没有不诚信，曹东东也这么签，我是跟他学的。我们都是签着玩的。”

“曹东东也这么签？你们都是签着玩的？听你这意思，之前还在其他单子上签过名是吗？从什么时候开始签的？”

“就上周二，数学老师让我们做大册。”

“大册是什么？”

“大册就是数学练习册，妈妈您别打岔，”管小正把右手食指放在嘴边，示意妈妈听他说，“上周二，数学老师让我们把做完的大册带回家让家长签字，那天回家我忘了让家长签名的事。周三早上老师检查大册，怎么办呢？我想啊想啊，终于，我有个好办法，我把您的名字签上不就行了吗？我正在签名的时候，被曹东东看到了，他说他也是这么干的，哈哈，老师没看出来。”

“老师没看出来，你们就觉得可以冒名代签是吗？”妈妈发问。

“我觉得这也不是什么大事，就代您签了。”管小正说。

“但我必须提醒你，以后不能再这么做了！你想想，你在餐费通知上签了名，我却没交餐费；你做大册的事我不知道，错的题改没改我也不知道，如果老师电话询问，我一问三不知，你代签名的事不就露了馅儿。”

“妈妈，您别说了。”管小正嗫嚅道。

“再说，我的签名，你练得再好，人家不也认为是妈妈我写字写得好吗？”

“那倒是。”

“所以啊，你有空还是练自己的名字吧。你看，你签的‘管小正’三个字，‘小正’两个字没几画，却写得东倒西歪。”

“那还不是因为‘管’的笔画多，我给写歪了，连带着把后面的‘小’和‘正’也给写歪了。”

“都是借口，你得好好练练。”

管小正脸上露出不情愿的表情，妈妈只好继续引导。“怎么，有什么问题吗？儿子，将来你要是当了幼儿园老师，或者成为大作家、大画家、大科学家，人家请你签名，你不好好练字，怎么好意思把自己的名字签

到作品上啊。”

“可是，我的理想是收破烂儿啊。”管小正瞪大了眼睛反驳道。

“我也没说不让你收破烂儿啊，你要是成了世界级的收破烂儿专家，你再写一本收破烂儿秘籍，有读者找你签名，你的字写得跟屁墩儿刨的似的，这可怎么好啊！”

“对哦，我这就练去。”

小正笔记

长知识

妈妈说得对，自己的名字自己签，家长的名字家长签。

我们学校门口贴的《中小学生守则》，有一条就是诚实守信有担当，保持言行一致，

不说谎不作弊。我代替爸爸妈妈签名是不对的，以后肯定再也不这么做了。

我们应该严肃对待签名，因为签名会产生法律后果，签名是一种证明意思表示的证据和凭证。只不过因为我们还是未成年人，签署材料需要经过父母确认才能生效。

我呀，现在要好好练练签名，万一真被妈妈说中了，我将来要是当了大作家、大画

家、大科学家，或者超大作家、超大画家、超大科学家，或者世界级的收破烂儿专家，有人请我签名，我要是签的名奇丑无比，多丢人啊。

知法小达人

《中华人民共和国民法典》

第七条 民事主体从事民事活动，应当遵循诚信原则，秉持诚实，恪守承诺。

第四百九十条第一款 当事人采用合同书形式订立合同的，自当事人均签名、盖章或者按指印时合同成立。……

《中华人民共和国家庭教育促进法》

第十六条 未成年人的父母或者其他监

护人应当针对不同年龄段未成年人的身心发展特点，以下列内容为指引，开展家庭教育：

……

（二）教育未成年人崇德向善、尊老爱幼、热爱家庭、勤俭节约、团结互助、诚信友爱、遵纪守法，培养其良好社会公德、家庭美德、个人品德意识和法治意识；

……

第三章　抄袭事件

1

放学回来，管小正问妈妈：“您说，双胞胎都是一个妈生的，为什么一个是‘学王’，一个却不是‘学王’呢？”

“嗯？‘学王’是什么？”

“就是学习特别好的学生呗。”

“我们大人管学习好的叫‘学霸’。”

“那是你们大人的叫法，我们小孩管学习好的叫‘学王’，管会做题的叫‘题仙’，管

考试好的叫‘考神’。”

妈妈笑了笑：“挺有意思的。”

“嗯，曹西西不但是‘学王’，还是‘考神’和‘题仙’呢，曹东东不是‘学王’也不是‘题仙’，‘考神’就更不可能了。妈妈，您说，为什么那么多不一样的人都生活在一个地球上呢？”

“当然了，地球上不可能有一模一样的人，要是你跟曹东东和曹西西都一个样，见到了他们就跟见到了你自己一样，那多不好玩啊。”妈妈答道。

“哦，也就是说正因为每个人都不一样，大家在一起才更有意思呗。”管小正翻着手里的书，语文老师说明天要做大册，他得赶紧看两眼。

第二天，老师把语文大册发了下来，要求同学们下课之前把大册中的18页和19页完成。

大册18页要求默写李白的《望庐山瀑布》诗句。“日照香炉生紫烟”，管小正写了第一句，再想写时，脑子一片空白，竟想不起第二句是什么了。想了一会儿，还没想出来，一侧脸，看到曹东东正在埋头写字，他朝曹东东的大册看了一眼，他写得可真快，18页已经完成了一大半。

眼看时间过去了一半，管小正心里越发着急，低头写时，脑子里闪现出曹东东写下的答案。不一会儿管小正就把大册完成了。

回到家，管

小正说："妈妈，我给您说个好笑的事吧。"

"请开始发表你的讲话。"妈妈一本正经地做了个开始演讲的手势。

"您知道李白吧，他有一首诗的第一句是'日照香炉生紫烟'，您知道下一句是什么吗？"

妈妈假装记不起来了，说："我还真忘了。"

"第二句是'李白来到烤鸭店'。"说完，管小正乐得东倒西歪。

"嗯？第三句呢？"

"第三句嘛，'口水直流三千尺'。"管小正摇头晃脑地说。

"那第四句呢？"妈妈不动声色地问。

"第四句是'摸摸兜里没带钱'。哈哈，您说好不好笑？"

"好笑是好笑，但不能这么随意发挥，把李白的诗都念歪了，"妈妈放下手里的书，问，

“你为什么要给我念歪诗啊？”

“这个嘛，这个嘛，因为我今天在大册上就是这么答的。”

“啊？”

“老师给我画了个大大的叉，但这不能赖我，都是曹东东，他非要写‘李白来到烤鸭店’。”

“你抄曹东东的？”

“嗯，他写错了，我也跟着错了。”

妈妈两眼一瞪：“拿大册给我看。”

管小正忐忑地把大册递到妈妈手里。

“《望庐山瀑布》这首诗你从小就背过，怎么能想不起来呢，就是没巩固好。但是你居然抄曹东东的，你是怎么想的？”

“我想，抄上一个答案总比空着好吧。我要是抄对了，不就能得优了吗？”管小正固执地说。

“儿子啊，会就是会，不会就是不会，抄来的答案不管对还是错，都不是你自己做出来的，这种行为可是不对的。”妈妈严肃地批评道。

2

妈妈看着大册，还想接着批评管小正几句，他却又坦白了另一件事。

“数学戚老师也让我们做了两道题。”

“给我看看。”

管小正双手把练题本拿给妈妈，妈妈看了一眼，第一道题目是：“请按照要求写出 1—9 的数字，从小到大。”只见管小正练题本上的 1 到 9，1 写得跟小米粒似的，不仔细看根本发现不了，9 写得有小拇指那么大。

“儿子，你这题的数字 1 为什么那么小，9 为什么那么大啊？”

“这道题要求的就是从小到大写出来嘛。”

“人家说的是数字本身的大小，不是你写的字的大小。”

“哦，”管小正一抻脖子，不好意思地笑起来，“妈妈，这个是我自己写的，我没抄曹东东的，第二道题曹东东抄了我的。”

“抄的什么？”

“嗯嗯，”管小正清了清嗓子，“数学题：小明有 10 块奶糖，有 5 个棉花糖，有 3 根棒棒糖，4 块冰糖。今天小明吃了 9 块奶糖，4 个棉花糖，2 根棒棒糖，3 块冰糖。请问，现在小明有什么？”

“你怎么答的？”

“我答的是，小明有糖尿病。”

“哈哈哈，怎么能这么回答呢。”

“嗯，老师给我画了个叉。曹东东也被老师画了个大大的叉。老师说你们叫我戚老师戚老师，看看你们做的题，分明就是气老师

气老师，”管小正接着说，“我想了想，应该是少写了一个答案。”

“那应该怎么答？”

“我应该答，小明有蛀牙和糖尿病。”

妈妈说：“孩子，这么想想可以，吃糖多了确实会长蛀牙，但这题不能这么答。”

“嗯，老师说我们做错了。”

“当然错了，这是数学题，又不是脑筋急转弯。你再好好算算。”

管小正挠了挠头，略一思考，擦掉错误答案，重新做了一遍题。

妈妈忍不住评论：“这两道题你做错了也就做错了，我们针对题型做出适当的思路调整就可以，但是你和曹东东都必须认识到，抄袭是不诚信的行为。”

“嗯，我知道了。”

“今天还发生了一件事，我的英语大册也没答好。”管小正嘟囔道。

3

管小正说的这件事发生在英语课上，老师让他们做大册。

管小正一看大册上的题，嘀咕道：“就这几道题，简单，保证都能做对。”说完，管小正聚精会神地做大册，做到一半发现画错了两条连接线，找橡皮时看到前面的曹西西回头盯着他，还小声说：“你把大册往我前面拿拿，我们对一下答案。”

管小正听出她的意思，说：“嗯？还有‘学王’不会做的题吗？”

“可我不敢保证都能做对啊。”曹西西小声说。

曹西西还有不会做的题？事出有因，上周她扭了脚，有三天没来学校，耽误了上课。趁老师走出教室，管小正赶紧把大册往前边挪过去一点。但是，这样管小正写字就不得劲儿了，于是他说：“你快看，你快看。”管小正担心时间不够用，又担心老师回到教室发现他说话，就把大册往回拉了拉。曹西西见状，着急地说：“还没对完呢，我让我妈给你做‘好吃’牌的鸡腿还不行吗？”

“我又不喜欢吃鸡腿。”管小正嘀咕道。

“我吃我吃，我的给你看。”曹东东凑过来说。

“我才不看你的呢，你没几道题能做对。”曹西西不屑地瞪了一眼曹东东，又说，“管小正，快给我看看题。”

“不要给她看，竟然小看我。”曹东东拦着管小正说。

“你俩别闹了。”曹西西气鼓鼓地说，“管小正，还说和我是好朋友呢，连题都不让我看，你忘了，之前我还帮过你不少忙呢。这次，你要是不让我看，我要是得不了优，咱俩就绝交。”

这时，老师回到了教室，往说话的方向看了看，曹西西赶紧不作声了。

管小正不知道怎么办才好，给曹西西看

答案吧，他写字就不方便了。不给曹西西看题吧，曹西西可能要和他绝交，老师又时不时往这边看，仿佛看穿了管小正和曹西西的心思。

管小正内心十分矛盾，稀里糊涂地完成了大册，他不知道曹西西看没看到他的答案，但是老师讲评时管小正看到自己大册上满篇红叉，有几道题他本来是会做的，却让曹西西干扰得晕头转向。而曹西西呢，三天没来上课，也只错了一道题，竟然还得了优。

“哦，英语大册错了好几道题的原因是这个呀。”知道了事情的来龙去脉，管小正的妈妈心里有了底。于是，她打电话给曹妈妈：“让两个孩子到楼下玩会儿吧？”

曹东东很高兴地答应着要下楼，曹西西表示坚决不去，但是禁不住曹东东再三劝说，曹东东可真是曹西西肚子里的蛔虫，他说要是不跟管小正玩就见不着屁墩儿了。曹西西喜欢屁墩儿，只好勉强答应下楼。

管小正妈妈带着管小正和他们会合。曹西西和管小正因为英语大册的事还在闹着别扭，互相都不说话。

管小正妈妈招呼着，说：“咦，怎么都不言不语的，既然你们不想说话，那我来说件严肃的事。”

三个孩子竖起耳朵仔细听，管小正妈妈接着说：“我今天中午和大学同学一起吃

饭，有两个上了大学却没有毕业的同学也来了，你们知道他俩为什么上了大学却没有毕业吗？”

三个孩子猜了起来。

“学习不好呗。”

“还有就是不努力呗。”

“可能是打架了。”

管小正妈妈说：“都不是。”

“那是什么原因啊？”孩子们很好奇。

4

管小正妈妈回忆起大学时期的往事，说：“在一次考试的时候，前面同学给后面的同学传纸条，后面的同学抄答案时被老师发现了，他俩都被取消了考试资格，考试作弊的事情

也被记录在学业档案上，后来没有拿到大学毕业证，再后来找工作都受影响。”

“太恐怖了，收入不理想是不是就没钱买鸡腿了？”曹东东一想到没鸡腿可吃就觉得生活好无趣。

“大学毕业证也拿不到。”曹西西小脸吓得煞白。

“也就是说他们家不会给孩子多余的钱买卡片。”管小正摸了摸口袋里的卡片，担心地说。

“对呀。我跟你们说这件事情是想告诉你们，考试的时候，不管你会或者不会，学习好或者学习不好，都不能作弊，也不能帮助别人作弊，你们要知道，这不是帮他，

而是害他。”

曹西西低下了头，说：“阿姨，我知道了，我保证以后不作弊。”

“我也保证。”

“我也保证。”

“西西，你虽然有三天没到学校上课，但你平时注意巩固学过的知识，所以这次大册才能保持以前的好成绩，你已经很优秀了，你要相信自己的实力才行啊。”管小正妈妈表扬了曹西西，又对三个孩子说：“你们觉得，得一个优，真的那么重要吗？你们想想，得优的前提是什么？是掌握知识啊。你们再想想，得一个优和一个人的诚信相比，哪个重要？”

曹西西想了想，恍然大悟地说：“当然是诚信重要了。”接着，她又对管小正说：“我得谢谢你，幸亏你没给我抄答案，如果我抄了，我就犯错误了；如果我抄了，也不一定抄得对；如果我抄了，我就不可能只错一道题了，我就不可能得优了。”

管小正尴尬得脸一下子红到脖子根，但又不得不佩服地说：“三天不来学校，大册做得比我和曹东东都强，这事也只有你曹西西

做得到。”

曹西西微微一笑：“那是肯定的。”

管小正妈妈说：“你们要知道，严重的作弊还有可能上升到法律层面，触犯刑法呢。”

“是吗？”曹西西害怕地问。

“当然啦。”

管小正妈妈又说：“你们学校门口贴的《中小学生守则》，有一条就是诚实守信有担当，保持言行一致，不说谎不作弊。作弊是不诚信的一种体现。不管是大学生考试还是小学生随堂练习，只要作弊了就是不诚信。你们想想，考试抄袭，对努力的学生来说是不是很不公平？！”

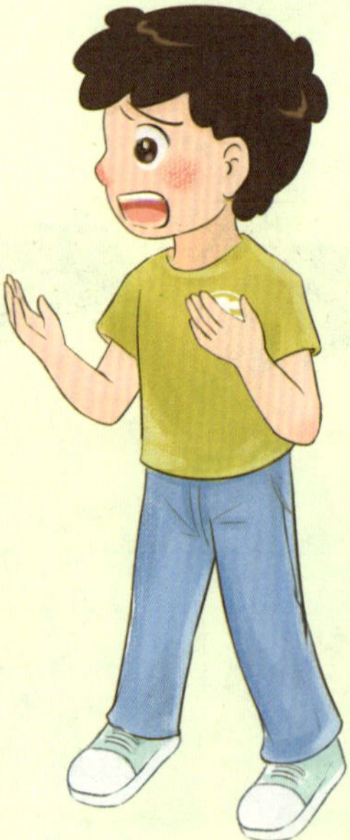

听到这里，三个孩子都低下了头。管小正妈妈又说："孩子们，一分耕耘，一分收获。平时努力，考试时心里才有底，才不慌张、不担心。做大册时有些题不会，恰恰说明你们学得不够扎实。遇到不会的题怎么办？面对它，把不会的弄会了，不懂的弄懂了，学扎实了，问题就解决了。来，我给你们出几道同类型的题，现在就把问题解决掉。"

管小正妈妈找了一根树枝，在地上写了几道题。孩子们你一道我一道，一边做一边讨论，很快把题做完了。

管小正妈妈满意地说："行了，再遇到类似的题你们是不是能自己解决了？"

孩子们心悦诚服地点了点头。管小正还是显得心事重重，他小心翼翼地问："妈妈，我是不是很笨？"

"嗯？什么意思？"

"那些我错答的题啊，还有从小到大写的数字……"管小正越说声音越小。

"噢，原来是这个呀，这不能说明你不聪明，只是你对世界的认知和大人不太一样，也说明你有一个发散思维的脑洞，妈妈觉得这样的脑洞很可爱，不过呢，做练习的时候还是要仔细看清题目要求。"

"可是，还有，妈妈，我抄了曹东东的大册，你还爱我吗？"管小正担忧地问。

"你这么诚实地跟我

谈，又已经认识到自己的错误，我觉得，我比以前更爱你了呢。”妈妈一把搂过管小正，他闪烁着泪花的脸上露出了释然的笑容。

小正笔记

长知识

人人都想考高分取得好成绩，可是遇到不会做的题能作弊吗？回答是：不能。

考试是检查学习效果、考查学习能力和水平的一种方法。作弊行为是投机取巧，是不讲诚信。作弊行为将使考试失去其原有价值和意义。反对作弊，不仅仅因为作弊是不道德甚至是违法、犯罪行为，更重要的是作弊破坏了公平竞争的规则，损害了他人公平参与考试的权利。作弊也许偶尔能让人得高分，但是永远不可能让人取得真才实学，好成绩只青睐那些持之以恒认真努力的人。

妈妈告诉我：人的一生要经历很多比赛，

比赛应当是严肃的，是公平公正的。社会主义核心价值观中公民个人层面的价值准则是爱国、敬业、诚信、友善。我们学校门口贴的《中小学生守则》中，有一条就是诚实守信有担当，保持言行一致，不说谎不作弊，做到知错就改。校纪里也有诚信守纪的要求。

不管是升学考试还是随堂练习，都需要遵守规则、诚信自律。

知法小达人

《中华人民共和国民法典》

第七条　民事主体从事民事活动，应当遵循诚信原则，秉持诚实，恪守承诺。

《中华人民共和国刑法》

第二百八十四条之一 在法律规定的国家考试中，组织作弊的，处三年以下有期徒刑或者拘役，并处或者单处罚金；情节严重的，处三年以上七年以下有期徒刑，并处罚金。

为他人实施前款犯罪提供作弊器材或者其他帮助的，依照前款的规定处罚。

为实施考试作弊行为，向他人非法出售或者提供第一款规定的考试的试题、答案的，依照第一款的规定处罚。

代替他人或者让他人代替自己参加第一款规定的考试的，处拘役或者管制，并处或者单处罚金。

《中华人民共和国家庭教育促进法》

第十六条　未成年人的父母或者其他监护人应当针对不同年龄段未成年人的身心发展特点，以下列内容为指引，开展家庭教育：

……

（二）教育未成年人崇德向善、尊老爱幼、热爱家庭、勤俭节约、团结互助、诚信友爱、遵纪守法，培养其良好社会公德、家庭美德、个人品德意识和法治意识；

……

第四章 都是藏钱惹的祸

1

曹东东最近常到小区里的小卖部转悠，他的零花钱似乎很多，掏掏左口袋，里面有五块钱，翻翻右口袋，有一张崭新的二十块钱。

管小正的妈妈很少给管小正零花钱，他也没怎么见过钱，曹东东能一下子拿出二十五块钱，对管小正来说绝对是个天文数字。

曹东东叫管小正一起去小卖部，被他拒

绝了。管小正没去过小卖部，需要什么东西，妈妈都会从网上下单。小卖部对管小正来说是一个既陌生又新奇的地方。陌生是因为他没去过，新奇是因为曹东东从小卖部出来时手里总有新鲜的玩意儿。

这一天放学后，曹东东披着红色的披风，滑着滑板来到管小正身边，他摸了一把口袋，挑着眉，嘚嘚瑟瑟地炫耀道："给你看看。"

让管小正咂舌的是，曹东东手里拿着一张崭新的一百元人民币。管小正双眼放光，这可是百元大钞啊，妈妈只有在过年给他发红包的时候才给他看一看，过完年妈妈就把

钱收回去了，他平时都没仔细地看看这一百元的模样。管小正这回可看清楚了，妈妈还告诉过他上面有金线，他左看右看，找到了那根金线。

“走，陪我买卡片去。”曹东东搂着管小正的肩膀说。

“去哪儿买？”

“小卖部啊，你不知道小卖部里有卡片？”

“不知道。”

“你怎么什么都不知道。”

“我妈不让我去小卖部。”

“走，我带你去看，你挑一包卡片，我买了送给你。”

“不用。”

管小正嘴上说着“不用”，双脚却不听使唤地踩着滑板紧跟在曹东东后面。

小卖部里的商品琳琅满目，曹东东熟门熟路，在进门右侧最显眼的位置找到了码得整整齐齐的卡片。管小正一眼望去，每包的封面都不一样，每包都炫酷至极。

“都是卡片，为什么封面不一样？”管小正问。

“一看你就不懂，这些卡包有十块钱的，有十五块钱的，还有三十块钱的。三十块钱的卡包里面的卡片多。你选一包十块钱的吧。”

“不用了，我妈不让我要别人的东西。”管小正摆了摆手。

“咱俩是好朋友嘛，这是我送给你的。”曹东东说。

“被我妈知道了，肯定又得说我。”

“你别跟你妈说啊，这是咱俩的秘密。”

“那好吧，谢谢你。”

“你自己挑吧。”

管小正看看这包，又看看那包，每一包都舍不得放下。相比较而言，他更喜欢三十块钱的卡包，但是曹东东说了送他十块钱一包的卡片，所以他左挑右挑，犹豫着，放下了三十块钱的卡包，选中了一个十块钱一包的。

曹东东自己也挑了三包卡，付钱后，兴奋地拉着管小正来到小花园，催促道：“拆开来看看吧。”曹东东迅速地拆开卡包，见管小正左找右找，没找到封签，笑着说道：“连拆封都不会。”说完，曹东东麻溜地帮他拆开塑料包装，打开内包装纸盒，顺手将所有的包装扔到了地上，风一刮，在空中胡乱飞舞着，管小正走了两步，想要抓住它们，但是风太大，

很快就被刮走了。

“塑料和纸盒有什么好捡的，又卖不了几毛钱。”曹东东不屑地说。

“这个，这个……”曹东东的不屑竟让管小正无言以对。

曹东东把拆开的卡片藏在了身后，管小正想看，曹东东不给，他先自己看，“哇，有一张稀有卡，你运气真好”，说着把稀有卡放进了自己口袋。

喜欢玩卡片的孩子都知道，卡片分签名卡、稀有卡、普通卡等很多等级，十块钱的卡包很少出现稀有卡，现在好不容易有了一张稀有卡，还被曹东东拿走了，管小正不高兴地说：“不是说好了送给我的吗？”

“我又没说全送，其他的送给你了。”曹

东东为了掩饰自己的说话不算话，转移了话题说：“咱们去玩足球吧。”

管小正看了看手里的普通卡，虽然是一般的卡，但也都是他没见过的卡，心里还算高兴。

两人玩了一会儿，曹东东像想起什么似的，说：“我还剩二十块钱，你帮我放起来，等哪天我买卡的时候再问你要。”

2

管小正看着递过来的二十块钱，回道：“我不帮你放。”

“哎呀，咱俩是好朋友，你不给我放谁给我放呀，再说我还送你卡片了呢。要不，你把卡片还给我。”

管小正摸摸兜里的卡片，迟疑着，最终

还是答应了。

“别跟大人说啊，这是咱俩的秘密。”曹东东嘱咐道。

“嗯。”管小正把卡片和钱藏在了裤兜里，小心翼翼地回到了家。

吃饭时，他几次欲言又止，想把卡片的事告诉妈妈，但是又一想，他和曹东东约好了不告诉大人的。睡觉前，他又想把卡片的事说出来，但一想到两人的约定，就只好把话吞回肚子里了。

这一晚上，管小正失眠了。迷迷糊糊睡着时，脑海中飞舞着几个拆开的卡片塑料包装，忽上忽下，他一下子惊醒了。

这二十块钱让管

小正坐立不安，他怕丢了，又怕弄破了，还怕被大人发现。一整天，老师上课讲了什么他都没心思听。

晚上回家妈妈把换下来的衣服放进洗衣机时，发现了管小正裤兜里的卡片和二十块钱。

妈妈把钱和卡片放回了裤兜，问：“儿子，我要洗衣服了，你裤兜里有没有纸团啊橡皮啊什么的？”

“没有。”管小正痛快地说。

“没有吗？没有的话，我就放洗衣机里洗了啊。”妈妈又问。

“等等。”突然，他紧张地跑过来，从妈妈手里夺过裤子。

“怎么了？”

“没怎么。”

管小正见躲避不过，只好当着妈妈的面

把钱和卡片掏了出来。

“这钱和卡片是哪儿来的？”

“妈妈，这是一个秘密。”

“孩子，如果这个秘密是好的，你可以不告诉我，但看你的样子，这个秘密看起来并不好，你今天精神看起来也不太好。有什么问题吗？”

“这钱是曹东东的。”

管小正一五一十地把前因后果讲给妈妈听：“他可牛了，一百块钱他都有。”

妈妈问：“那么多钱，你看见了？”

“我看见了，那张一百块钱的大红纸币特别特别新。”管小正绘声绘色地说。

妈妈又问：“你知道他的钱是从哪儿来的吗？”

管小正说：“他没告诉过我，可能是他向家里人要的吧。”

“你明天把他让你保管的钱还给他，再问清楚，钱是从哪儿来的。”

“可是，我把我们的秘密告诉了大人，违背了我和他的约定。”

“孩子，你和西西东东姐弟俩是好朋友，如果东东有零花钱，是不是西西也会有，你看到西西用零花钱吗？”

“让我想一想，”管小正使劲地回忆着，说，“西西好像没有零花钱，我没看到她买过东西。”

“你想想，如果东东的钱不是他妈妈给的，那钱是从哪儿来的？”

“从家里拿的？”

“如果他是从家里拿的钱，你说，我们是不是要管一管，帮助他。还有，你想啊，他为

什么让你帮他保管钱？如果我给你钱让你买东西，你会让同学帮你保管钱吗？”

“不会。”

“这说明什么？”

“说明这里面可能有问题。”

“对，所以，你明天问问他钱是从哪儿来的。”

3

第二天，管小正缠着曹东东盘问，终于知道了钱的来源。

“曹东东的钱是从家里拿的。”

“拿的？他妈妈知道他拿了钱吗？”

管小正说：“他妈妈不知道，他说那钱放在了抽屉里，他就拿了。他说他姥爷最近生病住院了，他妈妈没心思管他，他拿了钱他

妈妈也不知道。”

妈妈说：“这样拿钱是不对的，因为那钱是家里的，他妈妈没有给他，他就不能去花。私自拿钱等同于偷钱。”

“拿自己家里的钱也算偷吗？小孩拿钱也算偷吗？曹东东是语文课代表，语文课代表拿钱也算偷吗？”

“当然，语文课代表不行，班长不行，谁都不行，只要在大人不知道的情况下拿了家里的钱，就算偷。”

“那他偷了家里的钱，会被抓起来吗？”

“这个问题怎么回答呢，我们还是查一下法律资料吧，”妈妈说着，打开了手机搜索，“查到了，最高人民法院、最高人民检察院《关于办理盗窃刑事案件适用法律若干问题的解释》里的第八条规定：‘偷拿家庭成员或者近亲属的财物，获得谅解的，一般可不认为是犯罪；追究刑事责任的，应当酌情从宽。’”

“也就是说，只要曹妈妈谅解了东东，东东认了错，保证以后不再偷拿家里的钱，就不用抓他了，对吗？”管小正问。

“是这个意思。”妈妈点点头，又问，“他以前也从家里拿钱吗？”

“他说拿了好几回了，之前他都把钱藏在小花园的石头缝里。”

“他还藏钱？你一定要制止他。”

“嗯。”

“等哪天我把小区里的边边角角都找一找，把他藏的钱找出来。”

“小区里的边边角角那么多，你到哪儿找去？即使找出来，那钱也不是你的，得还给曹妈妈。”

“为什么要还？”

这时，曹东东踩着滑板车在窗外喊：“管小正，出来玩了。”

“机会来了。”妈妈说。

管小正心领神会：“走吧。”

管小正拎上了滑板车，和妈妈来到小区花园和曹东东会合。

曹东东把管小正拉到亭子一侧，神秘地说：“告诉你，我今天可得着了。”说着从裤兜里又掏出一百块钱：“咱俩买卡片去。”

管小正说：“不行，那钱你不能用。”

曹东东问：“为什么？”

管小正说：“那钱你是从家里拿的，你妈没答应给，你就不能花，你也不能藏钱。你要是再拿钱，我们的好朋友勋章就取消了。你要是再拿钱，你妈要是不谅解你，你会被抓起来的。”

好朋友勋章是管小正和曹家姐弟发明的，三个人在三张小纸条上画了三个叠加的圈，下面写着三个人的名字，他们三个说永远做好朋友。

一听管小正要取消好朋友勋章，再拿钱还会被抓起来，曹东东立刻投降。“好吧，我以后不拿钱了。”

管小正跑到妈妈面前，悄悄地说：“妈妈，我跟曹东东说了，他要是再拿钱我就不跟他玩了。他说不拿钱了。”

“那就好，那就好。”

“管小正！”曹东东追了过来。

“曹东东，你刚才承诺要是再拿钱，我们的好朋友勋章就取消了。对吧？”

就在此时，曹妈妈左手拎着一兜蔬菜，右手牵着西西的手，从花园一侧走过来，无意中听到了这段对话，原本苍白的脸显得更加憔悴，皱着眉头问：“你们说什么？拿钱？”

管小正傻眼了，曹东东也像老鼠见了猫一样，踩着滑板“吱溜”一下子消失了。管小正见大事不妙，也跟了上去。

管小正妈妈只好如实相告：“你家东东拿家里钱，还把钱藏到石头缝里。”

曹东东妈妈惊讶地说：“这孩子，几天没看住，竟敢从家里拿钱，咳咳——”

曹妈妈的咳嗽声让管小正妈妈的心紧了一下，关切地问道：“我听说东东姥爷生病住院了？”

“是的，最近我老往医院跑，没顾上照顾两个孩子。”曹妈妈疲惫地说。

“有什么需要帮忙的，你就说一声。”管

小正妈妈说。

“谢谢。”曹妈妈说。

4

曹东东的滑板滑得飞快，管小正追得上气不接下气。

曹东东滑着滑着，突然刹住了，头也不回地说：“你把我们的秘密告诉了你妈妈也就算了，你还当着我妈的面说拿钱的事，我不跟你做好朋友了，好朋友勋章也取消了吧，我买了卡片你也别跟我玩。”

“我不是故意的，我不知道你妈妈也来了。”管小正还想说什么，然而曹东东已经招呼了其他的伙伴，他们吆喝着朝另一个方向跑去。

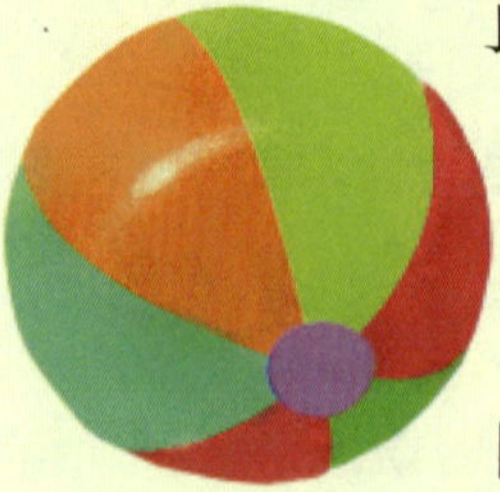

管小正心里很失落，他不想取消好朋友勋章，他想和曹东东玩，但曹东东现在不理他了。他不知道怎么办才好。

曹东东不和管小正玩，也不让曹西西和他玩。管小正只好带上屁墩儿到草地上扔球。

球滚到了亭子一侧的大石头边上，屁墩儿跟了上去，用尽力气把球往回挪，没挪两下，它在石头旁停了下来，把头凑到石头前，小爪子在石头缝里抠来抠去，好像发现了什么。等它回身时，两只小爪子捧着一张五十元人民币。

“是钱呀，是真的钱吗？”管小正欢喜地

接过屁墩儿递过来的钱，捡了球，带着它往家里跑。

“这钱是哪儿来的？”看到管小正手里拿的钱，妈妈发出了疑问。

“屁墩儿从石头缝里抠出来的。”管小正

对屁墩儿使了个眼色，它开心地爬到管小正肩膀上。

“我猜这钱是曹东东藏的，被屁墩儿找到了。现在这钱归我了，”管小正兴奋地摸着手里的五十元人民币，“能买两包二十块钱一包的卡片，嗯，我算算，还剩十块钱，屁墩儿立了大功，就给它买点儿好吃的吧。”

屁墩儿一听小主人要给它买好吃的，高兴得频频点头。

“不行，我不是说过吗，如果这钱是曹东东的，你就得还给他妈妈，要把找到钱的事告诉他。”妈妈知道后严肃地说。

“可能连他自己都忘记藏钱的事了。”

“他忘记了也是他们家的，要物归原主。”

“这钱是他偷拿家里的。”

“你既然知道是他偷拿的，那你找到了就应该还给他妈妈，这叫拾金不昧，你不能据

为己有。”

“嗯，让我想想，”管小正坐在沙发上想了一会儿，说，“我可以不拿这张钱，但我也不想还给他，因为他已经不和我玩了。”

“他说的是气话，你们可是好朋友。你忘记上次玩陀螺他输了生气地走了，后来不也没影响你们的友谊吗，你还说你们的友谊是不锈钢的呢！”妈妈提醒道。

“好吧，我试试把钱还给他。”管小正甩了甩手里的人民币，踩着滑板在小花园四处寻找，找了一圈又一圈，树丛里终于闪现出红色披风，管小正紧追上去，叫住了曹东东。

管小正来还钱本是好意，哪知曹东东并不领情，他翻脸道：“管小正，我把好朋友勋

章擦掉了，我们不再是好朋友了。”

“为什么？”

“谁让你不遵守承诺，把我拿钱和藏钱的事告诉大人的。”

“就是因为咱们俩是好朋友我才告诉了我妈妈。再说，你拿家里的钱就是不对的。”

曹东东根本不听管小正的话，扭头走了。

这时，曹西西来找曹东东，管小正说：“他刚走。”

曹西西说：“我弟弟啊，真是没法说他，他听有个高年级同学说稀有卡能卖大钱，要是谁有那个高年级同学就买了，他就偷偷从家里拿钱买卡，好不容易从卡包里拆出了一张稀有卡，那个高年级同学却说是逗他玩的，气得他哭了好几通。”

“他为什么要用卡换钱？”管小正问。

“我妈妈最近忙前忙后，总往医院跑，我姥爷的身体慢慢好了，可我妈妈累得瘦了，脸也变老了。东东听说有一种返老还童的化妆品，能让我妈妈变得像从前一样

美，就想拿钱买卡，希望能拆出稀有卡换钱买化妆品，结果呢，世界上哪儿能有这样的化妆品。”曹西西说着，眼泪在眼睛里打转。

一阵风吹来，刮起了一个包装盒，管小正一看，正是曹东东之前打开的卡片盒，他想到《中小学生守则》里的要求，勤俭节约护家园，还要低碳环保生活。老师也总是提醒同学们：生活中要注意垃圾分类，要注意环境保护。

管小正弯腰捡起了卡片盒，扔进了可回收垃圾桶，转身时看到曹东东远去的身影，想到那天他打开卡片盒时兴奋得连老师强调的垃圾分类的事都忘得一干二净，再想到因为这件事他把好朋友勋章都擦掉了，管小正的心里难过极了。

小正笔记

长知识

曹东东从家里拿钱买卡片，虽然出发点是为了买返老还童的化妆品让妈妈变年轻，但从家里拿钱本身是不对的。

我一直以为班干部做的任何事都是对的。

通过这件事，我才明白，语文课代表、班干部他们也会做错事。孩子做错了小事，大人可以进行批评教育，如果是做错了大事，孩子和家长还要承担法律责任。

《宪法》第三十三条

规定，中华人民共和国公民在法律面前一律平等。也就是说，不论什么人都要遵守法律，无论什么人犯了法都要受到法律的追究，就算是班长也一样，不会因为身份、民族、性别、职业的不同而有所区别。

还要提醒大家注意垃圾分类，小区里的垃圾桶分为可回收垃圾、厨余垃圾、有害垃圾、其他垃圾，我们要把垃圾分门别类地放在不同的垃圾桶里。记住，大棒骨是其他垃圾，不是厨余垃圾。过期的药品属于有害垃圾。还有，不要以为我捡破烂儿就是为了卖钱，捡破烂儿也是坚持环境保护原则，履行公民的环保义务，为生态文明做贡献！

垃圾分类，你们做到了吗？

知法小达人

《中华人民共和国民法典》

第九条 民事主体从事民事活动，应当有利于节约资源、保护生态环境。

《中华人民共和国家庭教育促进法》

第十六条 未成年人的父母或者其他监护人应当针对不同年龄段未成年人的身心发展特点，以下列内容为指引，开展家庭教育：

……

（二）教育未成年人崇德向善、尊老爱幼、热爱家庭、勤俭节约、团结互助、诚信友爱、遵纪守法，培养其良好社会公德、家庭美德、个人品德意识和法治意识；

……